united
p c.

AF144574

Isabelle Fantl

EINSAM IM MONDLICHT

Illustriert von Kay Kender

Welche Bedeutung hat Liebe in
einem Meer von Einsamkeit?
Der Rettungsring ist zum Greifen
nahe, doch ich sinke lieber

Weiß ich nicht mal, ob ich Liebe
in mir trage
Ich bin nur eine Fassade

Süchtig nach Zuneigung
Gib mir mehr, denn ich krieg nie
genug
Ich sauge sie aus, bis du keine
übrig hast
Bin immer noch nicht zufrieden

Ich bin unberechenbar, un-
beständig, egoistisch

Ich bin niemand
Ich existiere nicht

Wann bin ich nur so ängstlich
geworden?
Wann hab ich begonnen, mich
an Menschen zu klammern?
Ich hab schon immer die Fremde
gesucht, ich hatte kein Ziel?
Wie kommt es, dass ich jetzt
plötzlich den Stillstand brauche?

Ich will mich fühlen, wie ich von
außen wahr
genommen werde

Ich will, dass niemand hört, wie
es in mir aussieht

Vielleicht hattest du recht.
Die Intensität nimmt ab
Und meine Gier wächst
Ich dachte, Liebe wäre
gleichbedeutend
mit Ewigkeit.

Doch habe ich mich selbst
überschätzt

I am uncomfortable
Not sure how else to describe it
I was able to seek strength in
depression and Melancholia in
happiness but now I feel only
nausea

Uncomfortable
Not able to change my state

                    Isolating myself through
                                    boredom

Bored of people, interactions and
my interests

                              I want more
I crave sparks, fire, hysteria

                    Anything but this

Komisch
Jetzt weißt du so viel über mich
und ich über dich
Dabei bist du doch fast fremd
Und noch ist es nicht zu spät
Jetzt kann es nur eine schöne
Begegnung bleiben

Ich fürchte mich vor dem
Schmerz, der vielleicht kommt
Aber für jetzt ist es genug

Ich bin reingewachsen in meine
Ängste
War es einst eine Überwindung,
geht es mir jetzt leicht
von der Hand
Ich will mir nie mehr Sorgen
machen

Lately I have been enjoying
existing in crowds
Sitting in a park or drinking
coffee in a café
Solitude but not loneliness
I take up the energy
the laughter, the love of
the people surrounding me.
I am not part of them, but
it is enough for now

Man würde mich eine
Romantikerin nennen
Ich habe lediglich den Wunsch,
dass Worte, Taten und
Begegnungen
mehr bedeuten

Manchmal ist einfach schön zu
fühlen
I don't have to ask myself if
these feelings are
reciprocated

I can simply enjoy
Enjoy the warmth
when I think of you

Enjoy the occasions
you star in my dreams

I strive to put something
into my own words
Creating my world.
Letting you in

Why is it I feel you understand?
What bond do we share, that my
thoughts are drawn to your face,
your name, the things you say?

Seeking calmness in your exis-
tence, not recognition In your
face I look for the truth, not a
familiar pattern
It is rare for me
What is it to you?

You still do feel familiar
But for the first time I don't think
it is fate or meant to be

Although I am careful with my
feelings, lest they break like
glass
I am not trying to cling to you,
not wanting to
smother you with my existence
I don't want to capture you, I
can't get rid of the wish to en-
snare, thinking of your lips on
mine

Not knowing you yet is a
reassurance,
I feel like I can be so much more
open
There is no show.
You don't owe me.
I don't owe you

Oh to be able to hold someone
close and never let go.
To keep someone near me
without smothering them
It shall be fruitful and good for
both of us
no pain involved

Irgendwas
liegt in mir
und schlummert tief
Ich kann es nicht greifen
Was bist du und bist du nur für
mich unsichtbar.

Mein Herz gehört mir
Verschenken werde ich es nie

Will you be my downfall?
This unbearable attraction
You keep sticking
to my thoughts
like honey on my hands
But it is not your doing
I am at fault
There is no innocence
 in these feelings
I was wrong all along
You won't bring the pain, I will
And neither of us will ever be
happy

Ich bin leer
so sauge ich dich aus
Suche nach Wissen und
Geschichten
Ich bin neugierig
Möcht deine Geheimnisse
kennen
Bis sie zu einem Teil von mir
werden

Ich möchte dich lieben, so wie
ich denke,
wie Liebe funktioniert
Ich möchte alles für dich
aufgeben wollen
und dich über mich stellen

Ich will ganz ehrlich sein,
ich weiß nicht,
welche Gefühle in mir echt sind
und welche nicht,
ich glaube,
ich bin schon lange eine Version,
die ich von mir selbst,
erfunden habe

Ich möchte niemals vergessen
werden
Will mich ausbreiten, ausweiten
Vergiss mich nicht
Mag mich in deine Erinnerung
kleben,
mein Lachen unvergessen
machen
Denk an mich, finde mich überall
Das ist mein Vermächtnis,
meine Bedeutung

Und es ist wahr
Sei vorsichtig,
was du dir wünscht
Vergiss nicht,
auch du veränderst dich

Das, was wir haben,
ist mehr als Liebe
Du bist ein Teil von mir
beinahe vollkommen

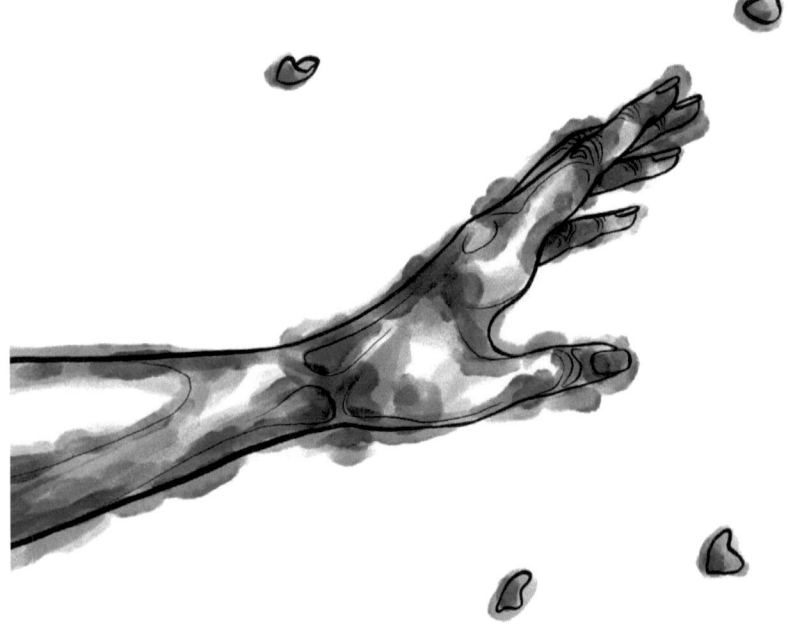

The empty page taking up my
pain.
Relieving me

It listens better than anyone ever
did

I want to repay them, by filling it
with
something beautiful

I swear I dreamed of you
Wasn't it you dancing in the
meadow?
Talking to the flowers?
Bathing in the sun?

I like to imagine I was destined
for greatness
My sharp gaze lingering
Always perceiving
Chewing on other people's words
wanting to taste them myself
Being an artist

Ich finde es schön,
dass du mich noch nicht kennst
Genieße deinen verklärten Blick
Noch forme ich dein Bild von mir
mit meinen Worten und Taten
Nicht mehr lange wird es dauern,
bis du selbst siehst,
dass ich eine Betrügerin bin
Langsam aber sicher werde ich
aufhören
                    zu glitzern,
              zu schimmern,
              zu leuchten.

Ich bin bloß matt und
gewöhnlich

Und ich lass dich in mein Leben,
plötzlich bist du überall
Ich finde dich wieder
An jeder kleinen Ecke meines
Alltags

Think of me
When you take the train,
when you go to work
Start to see me in others
I want your thoughts
to never let me go

Dein Name ist wie Honig
auf meiner Zunge
Breitet sich aus
ein zuckersüßer Geschmack
erinnert mich an dein Lächeln
eine magische Formel
ein Zauberspruch
den ich in meinem Kopf
immer wieder wiederhole

You shouldn't have kissed me on
New Year's Eve
Nor promised me to stay
Did you see how it would turn
out?
Plan to hurt me?
I'm still sure you never did
I played myself and now I'm lost

Now your name can go back
to just being a beautiful one,
one without meaning
one without a face

Es ist aus
Ich hab das Spiel gewonnen
Ich wollte, dass du mich liebst,
mehr als alles andere

Jetzt kann ich deine Blicke nicht
ertragen
Ich sehne mich nach der Freiheit
Oder belüge ich mich selbst?

So fühlt es sich an,
zu bekommen, was man will
Man kann seinem Schicksal
nicht entrinnen
Ich bin verflucht
Mein Leben von ewiger
Einsamkeit durchzogen,
Einst wollte ich dich so sehr,
jetzt bin ich die
Daphne zu deinem Apollo

Sogar mir selbst fühle ich mich
fremd
Ich bin klein, praktisch ein Kind
und so verletzlich Kann mich
jemand bitte in den Arm
nehmen?
Mir endlich die Last kurz
abnehmen
Mir zeigen, dass man mich
wirklich kennt

Ich weiß nicht, woher mein
Schmerz kommt
Er nimmt mir die Sicht
Ich hoffe du siehst ihn nicht
Halt mich fest

Bitte

Bevor mein Licht erlischt

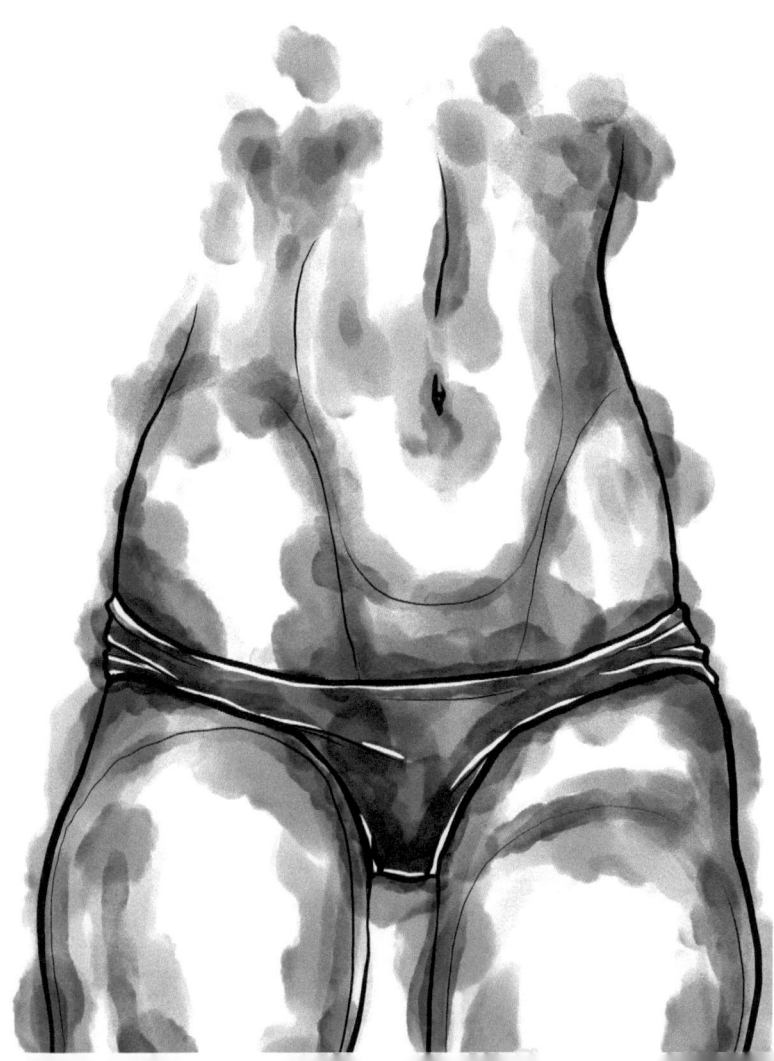

And I don't know how I can
satisfy myself
Nothing but utter sadness
without the will to change
It is easy to stay,
to drown
I think I will stay for a while

Having people worry and think of
me,
reaching out is all I ever wanted
and I am still not satisfied
I still feel lonely.
Still empty

I am Master of my destiny.
Master of manipulating
Master of always getting my way.
But I pay a price
Luck follows on my path
Everything always turns out fine
and if not,
it is just the queue to something
else
But here I sit with pain in chest,
a heavy heart
This is what I get
The price I have to pay.
My curse
Being doomed to worry
But the promise is always near
It will be fine

I don't want to exist
Don't want to be perceived nor
seen
Would it only cause harm to me
and others

Not thinking before I speak,
pushing away
              the people who love me.

Not being able to see
the affection
              they hold for me.

Don't look at me, don't listen to
me, don't
                  perceive me.

Still I cry out to be heard, to be
saved

a carefully crafted personality
but what if I pull apart the
curtains,
take away the parts of your
jigsaw
piece by piece
What will be left?

Ich bin verliebt in das Gefühl,
das du mir gibst. Schau mich an
Ich habe nie gelernt, wie man
nimmt,
jetzt kann ich nicht aufhören,
mehr zu wollen

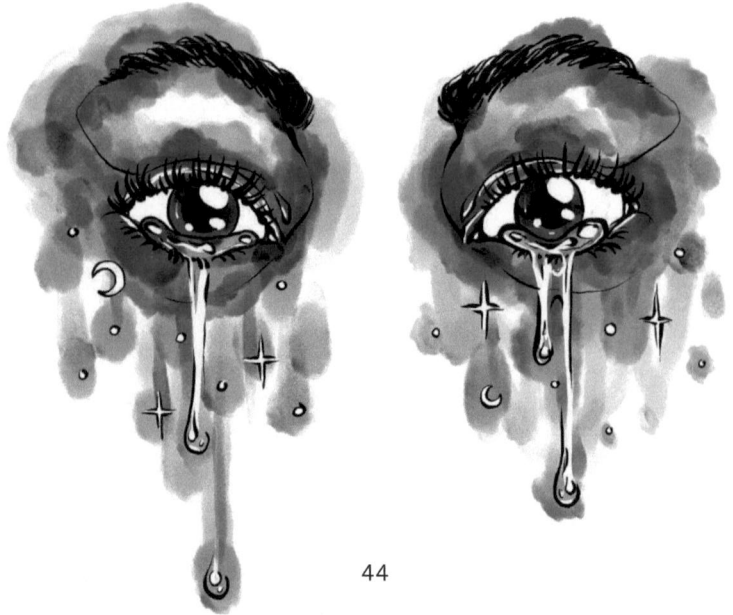

Es gibt nichts Romantisches an
meiner Einsamkeit
So sehr ich es mir wünsche,
würde es mir doch helfen damit
besser zurechtzukommen
Stattdessen macht sie mich
egoistisch und unbeholfen
Meine Einsamkeit ist schwer und
sticht
vor allem aber
ist sie eine Lügnerin

Der Schmerz macht mich blind
Der Kummer sitzt tief
Wenn ich dich sehe, spiegle ich
mich in deinen Augen wider
Ich kann dich nicht erkennen
Mein Schmerz nimmt mich ein

Ich nehme mich zu ernst
Ich denke, ich bin die Einzige,
die liebt
Die Einzige, die lebt

I dream of feeling whole while I
seek the emptiness myself
the blessing to feel is also my
curse.

Loving you was my cure, it
showed me I should never take
away from myself

Selbst umringt von Menschen,
Augen voller Zuneigung

– bin ich leer

Ich bin mir der Magie bewusst,
die in mir wohnt
So weiß ich auch,
wie riskant es sein kann
zu sprechen
Worte sind nie bedeutungslos
Ich spreche und so wird es
Wirklichkeit

Ich hab's geliebt, wenn meine
Eltern mir etwas
vorlesen
Bis heute schätze ich es, wenn
ich mich komplett in eine
Geschichte fallen lassen kann
In den Schoß der Person und in
die Hand die über meine Haare
streicht
Mit geschlossenen Augen
wandern meine Gedanken

Wie schön es ist,
dass ich diese Fähigkeit
übernommen habe,
Stimmen so gut nachzuahmen
                    wie mein Vater

und Worte so schön zu betonen,
                    wie meine Mutter

So bleibt zumindest ein schöner
        Teil von ihnen in mir zurück

Und ich vermisse dich so sehr,
als ich bemerke,
die meisten unserer Gespräche finden
nur mehr in meinem Kopf statt

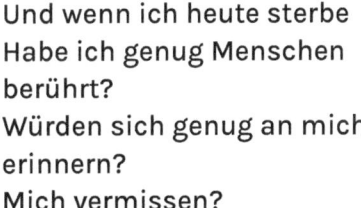

Und wenn ich heute sterbe
Habe ich genug Menschen
berührt?
Würden sich genug an mich
erinnern?
Mich vermissen?

53

Liebe u4
Du wirst immer
meine Heimat bleiben
Trägst du doch so viele
Erinneruen

Fühle ich mich, als könnte ich
einen Teil meiner Kindheit in
Hütteldorf wieder finden
Oder am Weg nach Ober St. Veit
mich dabei erwischen, wie ich
meinen Tagträumen nachhänge
Gibt mir nochmal die stickige
Sommerluft, die so sehr nach
Freiheit schmeckt

Egal wie alt ich werde
ich scheine es nicht zu schaffen
mit meinem Vater
richtig Zeit zu verbringen
ohne mich wie
ein trauriges Kind zu fühlen

Und die Narben waren nicht tief
obwohl ich den Schmerz so stark
gefühlt habe

Jetzt sind die Wunden
geschlossen,
keine Erinnerung mehr

    an was geschehen war

In another life you would have
been my dream for
I have wished half my life to
meet someone like you

But I grew up
while you still cling to the
fantasy

We both seem so alike
the only bond between us is the
mutual loneliness

We search for satisfaction
within the other for needs that
were never supposed to be
fulfilled

While every desperate kiss does
not come from lust but the
eternal craving of connection

Though cold smoke will forever
remind me of you
As will my face in the mirror
because you play my game
so well
I see you in the parts of my own
facade

Ich wollte nie sterben
Ich hasse Schmerz
Alles, was ich will,
ist glücklich sein
Doch Glück macht nicht auf sich
aufmerksam

Und mir fehlt gerade die Kraft zu
suchen

Du bist mehr wie ich,
als ich selbst
Du bist die Fantasie,
die ich von mir habe

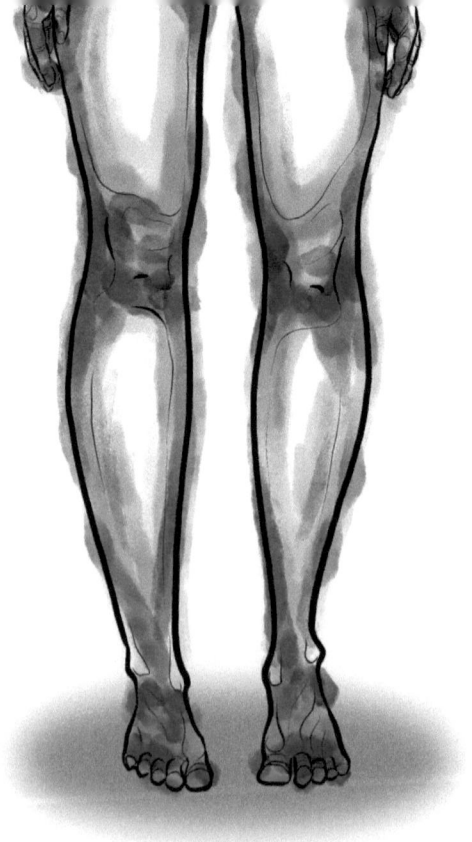

Bin ich froh, dass ich das
Schreiben für mich
entdeckt habe
Endlich hab ich die Magie
gefunden
und kann meine
eigenen Geschichten malen

Isabelle Fantl, genannt Belle, ist 2000 in Wien geboren und Studentin. Nach ihrem Abschluss in Japanologie studiert sie jetzt Gender Studies an der Universität Wien. Parallel besucht sie eine Schule für künstlerische Photographie.

Schon als Kind war Isabelle sehr emotional und suchte kreative Wege, um damit umzugehen. Heute nutzt sie das Schreiben, um ihre intensiven Emotionen und Gedanken auszudrücken und wünscht sich, andere Menschen in ihrer Einsamkeit zu berühren und das Gefühl zu vermitteln, nicht allein zu sein.

Wenn sie nicht gerade in ihren Gedichten über das Leben und die Liebe philosophiert, betreibt sie eins ihrer tausend Hobbys wie Häkeln, Schmuckbasteln oder Fotografieren.